DU MINISTÈRE

DU 13 MARS.

Par M. Constans.

Paris.

IMPRIMERIE DE PIHAN DELAFOREST (MORINVAL),

RUE DES BONS-ENFANS, N°. 34.

20 MAI 1852.

DU MINISTÈRE

DU 13 MARS.

S. A. R. Louis-Phliippe d'Orléans s'était fait distinguer par les vertus qui honorent la vie privée, par les hautes connaissances qui font l'homme d'Etat, par l'attachement à son pays qui en fait l'ami du peuple, par une immense fortune qui en fait son bienfaiteur. Le duc d'Orléans, le premier sur la brèche quand la France fut attaquée, le dernier à émigrer quand tous les siens furent proscrits, avait donné trop de gages à la patrie, pour que la légitimité *par droit divin*, reconquise par les armes de l'étranger, ne lui portât envie, et ne redoutât son influence. Le fameux manifeste de Gand, où Louis XVIII l'accusait de félonie, ne laissa plus d'incertitude à ceux qui en doutaient encore.

La révolution de juillet arriva, et le duc d'Orléans recueillit le prix de ses vertus, de son patriotisme et de sa bienfaisance. Le trône lui revenait de droit, parce qu'il était au-dessus de toute concurrence; il n'appartenait à personne de disposer d'une couronne que la nation tenait dans ses mains. La fiction de la population et des notabilités du royaume (la Chambre des députés et celle des pairs, légalement assemblées) la déféra à Louis-Philippe, et les élections qui suivirent cet avènement, confirmèrent ce choix, par le serment de fidélité que prêtèrent les électeurs au nouveau souverain. Les colléges électoraux ont été substitués aux états-généraux pour tous les droits qu'aurait à exercer le peuple : l'adhésion donnée par ces mandataires à l'élévation de Louis-Philippe remplit donc toutes les conditions, et répond victorieusement à ceux qui pourraient invoquer encore les traditions du dernier siècle.

Le DUC D'ORLÉANS ne participa nullement à l'insurrection bien légitime qui détrôna son cousin. Une lutte, à laquelle il pouvait être intéressé, s'engageait à Paris; sa délicatesse exigeait qu'il s'en éloignât; il quitta, comme il le devait, le foyer de l'incendie, et ce ne fut que pour en arrêter les progrès, et sur les instances qu'on lui fit, qu'il s'en rapprocha : les deux camps le choisirent pour arbitre; et soit qu'il prît les rênes de l'état comme lieutenant-général du royaume, soit qu'il en acceptât la direction comme roi constitutionnel, il n'agit jamais qu'en conscience et par amour pour son pays : aucune condition ne lui fut imposée; et qui eût pu s'en donner le droit! Une Charte était en vigueur, il lui suffisait de la faire observer et de l'observer lui-même. C'était pour l'avoir violée que *Charles X* avait été déchu, c'était pour la maintenir que PHILIPPE était appelé. La nation, par ses représentans, vota la même Charte avec quelques légères modifications; voilà le seul engagement que contracta, que pouvait contracter LOUIS-PHILIPPE. L'a-t-il rempli? jamais Charte n'a été mieux observée, jamais engagement n'a été mieux tenu : qu'on ne vienne donc point nous occuper d'un prétendu programme de l'Hôtel-de-Ville, qui n'eût été que le *bon plaisir* de quelques novateurs! si ce programme avait existé, on n'aurait pas manqué de le produire, quand il fut question de la royauté; et la nouvelle Charte, dont l'hérédité de la pairie eût été exclue, eût été calquée sur ses bases. Il ne pouvait y avoir ici de surprise, puisque ceux qui auraient dû concourir à sa formation faisaient partie de la Chambre des députés, et que les plus influens furent appelés au conseil du Prince. Comment se fait-il qu'on n'ait songé à ce programme, qu'à l'époque du 13 mars!

Un ministère d'action remplaça un ministère d'hésitation ; il fallait en finir avec les émeutes qui ruinaient notre crédit au-dedans et au-dehors, avec les associations nationales qui voulaient asservir le pouvoir, avec la propagande qui excitait les peuples contre les rois. M. Casimir Périer, dont les intentions ne pouvaient être suspectes, qui soutint pendant quinze ans la cause de la liberté, fut chargé par le Roi de mettre un terme à toutes ces divagations, et de marcher droit à la prospérité de l'état, en écartant tous les obstacles qui s'y étaient successivement opposés. M. Périer suivit la ligne qui lui était tracée ; et la majorité de la Chambre, qui jusque là avait été flottante, se réunit à lui, reconnaissant que le seul moyen de salut pour la France était de se rallier franchement autour du trône, de ce trône qui ne pouvait avoir d'autres vues que le bonheur du pays, et le maintien de la liberté qui l'avait élevé.

Mal-à-propos a-t-on qualifié de système le plan suivi par M. Périer : mal-à-propos le lui a-t-on attribué. Le Roi, qui comprenait sa position, les besoins de la France, et les dispositions des cours étrangères, sentit bien qu'il ne pouvait laisser plus long-temps un libre cours à cette exaltation des esprits, qui tendait au renversement de l'ordre social et au bouleversement de l'Europe ; il sentait que la paix était nécessaire à tous, pour réparer les pertes de vingt ans de guerre ; et il obtint sans peine de l'étranger les conditions qu'il s'imposait lui-même : l'indépendance du gouvernement, au moyen du principe de nonintervention. Sa loyauté, sa fermeté, furent le gage de ses promesses; et toutes les intrigues de Holy-Rood, de Rome, etc., ne purent prévaloir contre cette assurance.

Mais cette politique (nous dira-t-on) a laissé périr la Pologne et sa nationalité, malgré les espérances données par le Roi, à l'ouverture de la session. Le Roi n'a jamais entendu par cette déclaration prendre fait et cause pour les Polonais; il a offert sa médiation, il a fait tout ce qui a dépendu de lui pour leur obtenir un meilleur sort, mais il ne pouvait s'armer pour une cause qui n'était point celle de la France, et qu'il n'avait en rien provoquée. Que les Polonais, entraînés par notre exemple ou par de funestes suggestions, se soient légèrement engagés dans une lutte inégale, le Roi ne pouvait que les plaindre, s'intéresser pour eux, les secourir, mais il ne lui était point permis d'intervenir dans une affaire de famille, dans des discussions intérieures qu'on s'était réciproquement promis de respecter; et nous en eussions été les premières victimes, si nous nous en fussions mêlés : car en épousant la cause des peuples contre les rois, nous légitimions l'intervention des rois contre les peuples, et nous armions encore une fois contre la France l'Europe coalisée.

A Dieu ne plaise que je veuille affaiblir l'intérêt que l'on porte aux Polonais, que je méconnaisse leurs titres à notre reconnaissance! D'homme à homme, chaque Français doit estime et secours à ces braves qui ont tout sacrifié à l'honneur et à la patrie, qui par leur résistance à l'oppression nous ont peut-être sauvé une brusque agression à laquelle nous n'étions pas préparés; mais le gouvernement, qui est responsable de nos destinées, ne pouvait les exposer aux hasards d'une intervention que n'autorisait pas une légitime défense.

On opposera à cette conduite celle tenue à l'égard de la Belgique ; on rappellera qu'à la seule menace d'une attaque ; nous sommes accourus, le Prince Royal et le Maréchal Gérard en tête, au secours de Léopold. Mais c'est en cela même, que nous avons fait connaître notre fidélité aux traités. La Belgique avait été déclarée indépendante, et accordée au Prince de Saxe par ces mêmes alliés qui nous en avaient dépouillés au profit du roi de Hollande. Certes, l'occasion était belle de reprendre ce qui nous avait été ravi, et d'agir dans notre intérêt en feignant de servir celui d'un autre ; le peuple belge ne demandait pas mieux ; mais Philippe avait donné sa foi, et les alliés savent s'il pourrait la trahir.

La loyauté qu'apporta dans toutes les transactions au dehors le Ministère du 13 mars, se retrouve dans tous ses actes au dedans : paix à l'extérieur, ordre public à l'intérieur, telle fut et sera constamment sa devise. Fort de sa conscience et de ses droits, il s'est montré de front à tous les partis ; il n'en a flatté aucun ; il a dit la vérité à tous ; et son courage, soutenu de la confiance du Roi, l'a rendu supérieur aux attaques de l'ambition et des regrets. La conduite qu'il a tenue, je le répète, n'était point l'effet d'un système, mais l'exécution franche des lois et de la Charte, ses guides fidèles.

Qu'à la tribune un député fasse de l'opposition, même à tort et à travers ; que dans un journal, un homme de lettres censure sans mesure les actes du gouvernement, on reconnaît là l'empire qu'ont sur tous les hommes l'amour de la gloire, celui des places ou celui de l'argent. Le député part de *son endroit* bien endoctriné, bien encouragé, et il se croit obligé de soutenir contre le gouvernement les droits de son pays, parce que le pays lui a dit que le gouvernement était sans cesse hostile au peuple. Le voilà arrivé avec des préventions, siégeant à la gauche, et lié par des engagemens qu'il ne lui est plus permis de rompre, alors même qu'il commence à douter de leur légitimité. Quant au journaliste, il sait que la critique fit toujours fortune dans un pays où l'esprit court les rues, qu'il faut amuser plutôt qu'instruire; et il cherche à être piquant à tout prix, pour avoir des abonnés.

Mais que la France se laisse prendre à des jeux de mots, ou à des combinaisons de bourse ou de coterie, n'en croyez rien : le vrai Français, l'homme de bien, regarde autour de soi ; il se trouve entouré de liberté, de justice et de bienfaisance ; il n'ira point se jeter dans l'émeute, et l'épée des sergens de ville ne lui portera aucun ombrage ; il ne fera rien contre l'ordre ni contre la stabilité du trône ou la Majesté du Roi ; et les réquisitoires du ministère public ne sauraient l'inquiéter. S'il est momentanément victime d'une erreur, d'un malentendu ou d'une mesure générale, il sait que la sûreté de tous en dépend ; et il ne regrette point le léger sacrifice qu'il lui fait, en raison du repos qu'elle lui assure dans une autre occasion ; il éprouve en cela le désagrément auquel se trouve exposé le propriétaire d'une maison contigüe à celle où se déclare un violent incendie, quand il faut la sacrifier au salut de l'île entière.

Certes, personne n'ignore que les fonctionnaires publics sont responsables, que les ministres doivent compte à la nation de tous les actes qu'ils signeraient en contravention aux lois, et qu'à défaut de satisfaction, le droit de pétition est ouvert à tout citoyen, pour demander réparation et vengeance ; tous les recours sont ouverts contre un acte arbitraire ; la Charte en garantit la réparation , et le Roi lui-même est soumis à la loi commune. Y a-t-il eu depuis quinze mois une seule plainte portée pour abus de pouvoir ? Les ministres n'ont-ils pas été eux-mêmes au-devant de toute investigation , chaque fois que leur délicatesse a pu se trouver engagée dans quelque débat ? Dans l'affaire *Kesner* , M. le Président du Conseil n'a-t-il pas lui-même provoqué une enquête dans le sein de la Chambre des députés , pour faire peser, s'il y avait lieu , la responsabilité sur quelle tête qu'elle s'assumât ? Quant à l'administration chargée de maintenir l'ordre public , elle se borne à des mesures préventives ; et quand elles n'ont pu empêcher le délit , elle laisse aux tribunaux le soin de le punir , sans exercer sur eux aucune influence. M. le Garde-des-Sceaux peut donner des instructions , éclaircir des doutes , fournir des développemens ; mais la magistrature reste indépendante , et la loi seule dirige les poursuites et dicte les arrêts.

Il ne faut pas se le dissimuler, il y a eu beaucoup d'ambitions écartées , beaucoup d'espérances déçues , dans le nouvel ordre de choses qu'ont fondé les trois grandes journées. Une dynastie a croulé par sa faute ; les hommes à caractère qui l'ont renversée se sont couverts de gloire , et ont d'autant plus de droit à la reconnaissance nationale , qu'ils étaient désintéressés. Ils ont été les fidèles interprètes de la France entière ; ils en ont été les sauveurs ; et quoi qu'on fasse pour eux, on ne fera jamais assez. Mais ces hommes de courage, ces *bras nus* qui se battaient, avaient des chefs dont la plupart ne se battaient pas , et qui ne voulaient que recueillir le fruit de la victoire. Ces braves, qui se dévouaient à la cause du peuple , ne voulaient que reconquérir leurs droits : l'exécution de la Charte, rien de plus, rien de moins; ils renversaient un trône, ils en relevaient un autre, et tout était fini pour eux; il n'y avait point en cela de révolution; *les maximes générales n'étaient point changées, non plus que les bases du Gouvernement (Académie)*, puisque sous le feu des barricades on reconnaissait le besoin d'un chef suprême, et que le premier soin fut de le nommer. Ce dénouement ne convenait pas à tous les meneurs; il leur fallait une révolution d'hommes d'abord, puis de principes, puis de gouvernement, mais d'hommes surtout, pour s'emparer des places. Il leur fallait des institutions républicaines, pour arriver tout doucement et par gradation à l'abaissement du trône; il leur fallait le renouvellement de la magistrature, pour satisfaire à toutes les exigences; que sais-je tout ce qu'il leur fallait? Ils n'eurent de tout cela que le triomphe de la Charte, que la Charte en vérité et non plus en fiction. Ce qui faisait le bonheur de la nation, faisait le tourment d'une secte qui ne voulait de rien moins que d'un gouvernement monarchique; et dès-lors tout fut mis en usage pour le miner sourdement par des associations secrètes, ouvertement par la licence de la presse.

Le Ministère du 13 mars voulut mettre un terme à cet abus de la liberté, sans en entraver l'exercice; il fit autant de concessions qu'il en fallait, pour laisser à l'exaltation le temps de se calmer, pour bien connaître le caractère de l'émeute, et pour en découvrir l'origine. Il fallait savoir si elle était comme en Juillet la fidèle expression des besoins du peuple, ou si elle n'était qu'une trame ourdie contre le repos du trône et du pays. Le problème une fois résolu, il n'y eut plus de quartier; la loi contre les attroupemens fournit à la force publique le moyen de maintenir l'ordre général et de réprimer la licence ; encore dans l'exécution de cette loi employa-t-on des ménagemens qu'eût pu avec raison condamner la prudence.

En même temps qu'on s'occupait de la paix à l'intérieur, on travaillait sans relâche à la consolider à l'extérieur. Les puissances étrangères savaient que l'une était liée à l'autre, tant pour elles que pour nous, et qu'il n'y avait que l'état de prospérité qui pût distraire dans toute l'Europe une population aguerrie qui ne demandait peut-être qu'à secouer le joug ; et ce fut sans doute dans cette vue, et pour leur en donner la certitude, que le gouvernement envoya *un drapeau tricolore* à Ancône, pour qu'elles ne pussent plus douter de l'effet de ce talisman. Aucune autre pensée, j'ai tout lieu de le croire, n'entra dans cette expédition : ce ne fut qu'une épreuve, qui réussit, et qui n'avait d'autre but que de les convaincre de la magie de ce symbole ; à coup sûr il ne pouvait entrer dans la pensée de personne, qu'on voulût avec un millier d'hommes faire la conquête de l'Italie, et qu'on persistât à garder Ancône, quand à peine avait-on eu la pensée de l'occuper : l'expédition avait été faite pour l'instruction des souverains, ils étaient convaincus ; le gouvernement triompha.

Jusqu'ici tout a été conséquent de la part du ministère ; il a réussi dans la tâche que le roi lui avait imposée ; il a été droit à son but, sans détour, sans adulation, sans tergiversation ; la pensée tout entière du gouvernement a été connue de ses ennemis comme de ses amis. Il a dû être fort, parce qu'après quarante ans de révolution le peuple a besoin de repos, les arts de protection, les sciences d'encouragement ; il a dû être fort, parce qu'il n'y a qu'un pas de la liberté à la licence, et qu'une population

tout armée ne peut se gouverner que par une sévère dis-
cipline; il a été fort, mais il a été juste; et ce n'était qu'au
prix de cette force, qu'il pouvait obtenir la considération
et la confiance de l'étranger. Il a été fort, mais aucun de
ses actes n'a été frappé au coin du despotisme ou de l'arbitraire; il a exigé que ses agens lui fussent dévoués, mais
tout salarié n'est-il pas aux ordres de celui qui le paye,
surtout quand il connaît d'avance ce qu'on exigera de
lui, surtout quand on n'exige rien que l'honneur puisse
réprouver? Qu'a-t-on exigé jusqu'ici du fonctionnaire
public? le respect aux personnes et aux propriétés, la fidélité au Roi, l'observation de la Charte et l'exécution des
lois. Qu'a-t-on exigé du peuple? qu'il travaillât à son
propre bonheur, en se méfiant des insinuations d'agita-
teurs perfides, en se livrant avec ardeur au travail, pre-
mière source de prospérité, et en laissant la discus-
sion des matières politiques à ceux qui en ont le fardeau.
Ce peuple, qui l'a secouru dans les événemens calamiteux
qu'il vient de subir? qui a donné l'impulsion à la bienfaisance? le Roi, dont les trésors, les greniers, les ma-
gasins ont été mis à la disposition de la classe indigente.
Ce peuple, qui s'occupe de ses moyens d'existence, quand
le travail languit? le Roi, qui fait entreprendre des cons-
tructions, des canaux, des alignemens; le Roi, qui dans
ses fêtes, qui n'ont été interrompues que par le fléau, fai-
sant rivaliser le luxe et le goût, donnant à ses invitations
toute l'étendue que permettent les convenances, force
la parcimonie dans ses derniers retranchemens, et lève
sur le plaisir et la vanité un impôt volontaire au profit
du commerce.

Mais que n'empoisonnerait le venin de l'envie!

Le Roi était-il porté par ses goûts et par ses habitudes

à continuer sa résidence au Palais-Royal? elle en accusait sa parcimonie, en s'apitoyant sur le sort des fournisseurs de la Cour, dont l'abandon des Tuileries entraînait la perte.

Le Roi se décidait-il à occuper les Tuileries, à former sa Cour? elle plaignait les marchands du Palais, que la vogue allait délaisser; elle se récriait contre l'étiquette du château, qui allait multiplier les intermédiaires entre le Roi et son peuple.

Le Roi voyant en automne dernier, la suppression des travaux et le renvoi des ouvriers, songeait-il à embellir à ses frais le jardin des Tuileries, et à s'y ménager le plaisir de s'y trouver au milieu des Parisiens, sans porter atteinte à la liberté de la promenade? elle criait à la violation du domaine public, à l'impopularité de la ligne de séparation que les fossés traçaient entre la royauté et la population.

Le Roi donnait-il des fêtes? elle criait au scandale, par le temps calamiteux qui courait. Les fêtes était-elles suspendues? elle criait à l'anéantissement du commerce.

Le Roi laissait-il à ses ministres et au président du conseil la direction des affaires? elle l'accusait d'indifférence pour la chose publique.

Le Roi se tenait-il au timon des affaires et présidait-il le conseil? elle l'accusait de rendre illusoire la responsabilité des ministres : ceci demande explication.

Dans la forme du gouvernement du Roi, la Charte n'établit aucune présidence pour le conseil; et tout en déclarant que la personne du Roi est inviolable et sacrée, que les ministres sont responsables, elle met dans les mains du Roi la puissance exécutive.

Quelle est la conséquence à tirer de cette déclaration ?

Que le Roi règne et gouverne, que ses ministres doivent l'éclairer sur les infractions aux lois, qu'il s'exposerait à commettre, et qu'en cas de persévérance de sa part ils doivent lui refuser leur adhésion. Voilà toute la théorie du pouvoir et du gouvernement: le Roi est l'homme de la nation, les ministres ne sont que les mandataires du Roi; le Roi reste, et les ministres passent. Quel est le plus intéressé à la prospérité de l'état, du Roi ou du ministère?

L'État est une grande famille dont le Roi est le père; que dirait-on d'un père qui abandonnerait à un gouverneur l'éducation de ses enfans et s'abstiendrait de toute direction, de toute surveillance? que dirait-on d'un Roi qui abandonnerait à un président du conseil le gouvernement de son royaume, et passerait sa vie dans l'oisiveté et la mollesse? que deviendrait l'État, si ce président était subitement enlevé à ses fonctions? que deviendrait la pensée du gouvernement, dont il serait seul le créateur et l'organe? que deviendrait la Majesté royale, si elle n'était qu'en représentation? quel serait le respect des peuples pour ses ordonnances, s'ils n'y voyaient qu'une participation de forme?

Non, les ministres ne gouvernent point. Si le Roi est d'avis qu'ils soient présidés par l'un d'eux, pour donner à la marche du gouvernement plus d'unité et d'action, rien ne s'y oppose; mais un Roi jaloux de sa gloire, pénétré de ses devoirs et d'un ardent amour pour ses peuples, tel que Louis-Philippe, ne voudra jamais être étranger à leurs délibérations, chaque fois qu'il s'agira de grands intérêts, et contribuera par sa présence à leur donner plus de solennité et plus de garantie.

On pourrait s'étonner de l'absurdité du paradoxe, si

l'on n'en voyait le but. On se rappelle les institutions républicaines qu'on a tant carressées, et qu'on est loin encore d'abandonner : le trône est national, la France est monarchique; le peuple et le Roi sont liés par des nœuds indissolubles : comment les séparer ? il n'y a qu'à paralyser l'action de la royauté, qu'à démontrer qu'elle n'est qu'une superfétation, que le gouvernement est dans le ministère; et voilà le gouvernement à bon marché tout trouvé : payer douze millions l'empreinte d'une griffe (car d'après le système mis au jour, la signature du Roi ne serait autre chose), c'est exhorbitant; et vite un gouvernement à l'américaine, et un président à la tête d'une république : voilà le protocole du pouvoir occulte de l'opposition et des clubs.

Mais le peuple, qui a souffert quarante ans de révolution, qui a subi le joug de huit constitutions, qui ne voulait que la Charte, si elle eût été fidèlement exécutée, et qui l'a reconquise au péril de sa vie, ne veut pas plus de la république, que du *napoléonisme*, que du *carlisme*, comme l'a démontré l'échauffourée de Marseille; il veut un Roi qui s'occupe de son bonheur, qui y sacrifie toute son existence : il le possède et il s'y tient; il veut un ministère qui étudie ses intérêts, qui entende son Roi et ne lui cache point la vérité : il a trouvé ces garanties dans celui du 13 mars, et il n'en désire que la continuation.